# भक्ति की मंजिल श्री राम

यशिका चड्ढा

यह पुस्तक मेरे आराध्य प्रभु श्री राम को समर्पित है, जिनकी भक्ति और आदर्शों ने इस जीवन को सच्चे अर्थों में धन्य बनाया है। हर कविता में राम के प्रति मेरे श्रद्धा और समर्पण की झलक है। इस पुस्तक के माध्यम से मैंने श्री राम के दिव्य गुणों, उनके आदर्श जीवन और मर्यादा पुरुषोत्तम के रूप में उनकी प्रतिष्ठा को शब्दों में बाँधने का प्रयास किया है। उनका जीवन एक प्रेरणा है, और मेरी कविताएँ उसी आस्था और प्रेम का प्रतिबिंब हैं।

प्रभु श्री राम का चरित्र हमें सिखाता है कि सत्य, धर्म, और कर्तव्य के पथ पर चलते हुए हम जीवन में संतुलन और शांति प्राप्त कर सकते हैं। यह काव्य संग्रह उन्हीं महान आदर्शों का समर्पण है, जिन्हें श्री राम ने अपने जीवन में जिया। मेरे हृदय की गहराइयों से निकलकर ये कविताएँ श्री राम के प्रति असीम प्रेम और भक्ति का प्रतीक हैं, जो पाठकों के हृदय को छूने का प्रयास करेंगी।

मेरी प्रार्थना है कि यह पुस्तक उन सभी को समर्पित हो, जो प्रभु श्री राम के प्रति भक्ति और प्रेम से जुड़े हैं। यह केवल शब्दों का संग्रह नहीं, बल्कि उस अद्वितीय यात्रा का परिणाम है, जो मैंने प्रभु श्री राम के चरणों में समर्पित होकर अनुभव की है। प्रभु श्री राम का नाम हर कविता में जीवित है, और यह पुस्तक उन्हीं के चरणों में समर्पित है।

# क्रम-सूची

# क्रम-सूची

# क्रम-सूची

# प्रस्तावना

जब मैंने इस पुस्तक "भक्ति की मंजिल श्री राम" पर काम शुरू किया, तब मेरे मन में एक ही उद्देश्य था, प्रभु श्री राम की भक्ति और उनके आदर्शों को अपनी कविताओं के माध्यम से व्यक्त करना। श्री राम केवल एक ऐतिहासिक या धार्मिक चरित्र नहीं हैं; वे हमारे जीवन के हर पहलू में एक मार्गदर्शक और प्रेरणा स्रोत हैं। उनके जीवन से जुड़े प्रेम, त्याग, और धर्म के आदर्श हमें आज भी उतनी ही प्रासंगिकता से मार्गदर्शन देते हैं, जितना सदियों पहले।

**याशिका चड़ढा** ने इस पुस्तक की कविताओं को भावनाओं और आस्थाओं से सजाया है। मेरी कविताएँ न केवल प्रभु राम के प्रति गहरी भक्ति का प्रतीक हैं, बल्कि हर पाठक को आत्मिक शांति और प्रेरणा प्रदान करने का प्रयास करती हैं। इस संग्रह में शामिल हर कविता प्रभु राम के विभिन्न पहलुओं को चित्रित करती है, उनका मर्यादा पालन, उनका प्रेम, और उनका संघर्ष, जो हम सभी के जीवन के लिए मार्गदर्शक हो सकते हैं।

इस पुस्तक को लिखते समय मेरी यही कामना रही कि यह न केवल श्री राम के प्रति भक्ति का प्रतीक बने, बल्कि उन सभी के लिए एक साधन बने, जो आध्यात्मिकता और भक्ति की राह पर चलना चाहते हैं। इस पुस्तक के माध्यम से यदि मैं पाठकों को श्री राम की महिमा और भक्ति का एक अंश भी अनुभव करा सकी, तो यह मेरे लिए सबसे बड़ा आशीर्वाद होगा।

**|| जय श्री राम ||**

# भूमिका

जब हम राम के चरित्र की बात करते हैं, तो हमारे मन में उनके प्रति अपार श्रद्धा और आस्था का भाव उमड़ता है। प्रभु श्री राम केवल एक ऐतिहासिक व्यक्तित्व नहीं, बल्कि हर भक्त के जीवन के आदर्श हैं। उनकी मर्यादा, त्याग, और धर्म का पालन हमारे जीवन में स्थिरता और शांति का प्रतीक है।

यह पुस्तक लिखने का विचार मेरे मन में तब आया जब मैंने देखा कि आज की भागदौड़ भरी ज़िंदगी में लोग अक्सर आध्यात्मिकता और शांति से दूर होते जा रहे हैं। प्रभु राम के जीवन से हम जिस प्रेरणा और भक्ति का अनुभव करते हैं, वह हमारे मन को स्थिरता प्रदान करती है। इसी विचार से प्रेरित होकर मैंने "भक्ति की मंजिल श्री राम" के रूप में इस काव्य संग्रह को आकार देने का निर्णय लिया।

मेरी आशा है कि यह पुस्तक न केवल आपको श्री राम की महिमा का अनुभव कराएगी, बल्कि आपकी आत्मा को शांति और भक्ति से भी भर देगी। प्रभु राम के आदर्शों और उनके प्रेम की यह यात्रा आप सभी के लिए प्रेरणादायक सिद्ध हो, यही मेरी प्रार्थना है।

# पावती (स्वीकृति)

मैं अपनी पुत्री मान्यता चड्ढा का दिल से धन्यवाद करती हूँ, जो इस पुस्तक "भक्ति की मंजिल श्री राम" की संपादक रही हैं। उनकी मदद और समर्थन के बिना यह काव्य संग्रह संभव नहीं हो पाता। मान्यता ने न केवल मेरी कविताओं को सुचारू रूप से व्यवस्थित किया, बल्कि उन्होंने हर शब्द में वह संवेदनशीलता और गहराई जोड़ी, जो इस पुस्तक को और भी विशेष बनाती है।

उनका दृष्टिकोण और रचनात्मकता ने मुझे सही दिशा में मार्गदर्शन किया, जिससे मैं अपने भावनाओं को और भी प्रभावी तरीके से व्यक्त कर सकी। उनकी परिश्रम और समर्पण ने इस पुस्तक के हर पन्ने में जान डाल दी है। मान्यता की सहायता से, मैंने अपनी रचनाओं को न केवल एक संरचना दी, बल्कि पाठकों के लिए एक ऐसे अनुभव में परिवर्तित किया, जिसमें प्रभु श्री राम की महिमा और भक्ति का अद्भुत अनुभव होता है।

मैं उनकी समझदारी, धैर्य और समर्थन के लिए आभारी हूँ। यह पुस्तक हम दोनों की साझा यात्रा है, और मैं आशा करती हूँ कि यह पाठकों के दिलों को छूने में सफल होगी।

# आमुख

जब इस संसार की हलचलें थम जाती हैं और मन अपने भीतर के शांति की तलाश में विचलित होता है, तब एक नाम शाश्वत रूप से मन में गूंजता है, श्री राम। युगों-युगों से प्रभु राम न केवल एक ऐतिहासिक और धार्मिक चरित्र के रूप में पूजित हुए हैं, बल्कि वे मानवता के आदर्श, शांति और धर्म की प्रतिमूर्ति बनकर हमारे जीवन का मार्गदर्शन करते रहे हैं।

इस पुस्तक की कविताएँ आपको उस दिव्य यात्रा पर ले जाएँगी, जहाँ श्री राम का नाम हर आहट में बसा हुआ है। श्री राम केवल एक राजा नहीं, वे उस अनंत प्रेम और सत्य के प्रतीक हैं, जिसने मानवता को सही मार्ग पर चलने की प्रेरणा दी है। उनके आदर्श आज भी हमारे जीवन के हर पहलू में जीवंत हैं,चाहे वह धर्म का पालन हो, अपने कर्तव्यों के प्रति निष्ठा, या दूसरों के प्रति प्रेम और करुणा।

यह पुस्तक उस भावनात्मक, आध्यात्मिक यात्रा का प्रतीक है, जो प्रत्येक भक्त को प्रभु के चरणों में ले जाती है। जब हम भक्ति की इस राह पर कदम रखते हैं, तो राम हमारे साथी, हमारे गुरु और हमारे संरक्षक बन जाते हैं।

**"भक्ति की मंजिल श्री राम"** के हर शब्द में राम की उस दिव्यता का अनुभव है, जो जीवन को सही मायनों में सार्थक बनाती है। यह कविताएँ केवल पढ़ने के लिए नहीं हैं, बल्कि महसूस करने के लिए हैं। आप इस यात्रा में समर्पण, भक्ति, और प्रभु के प्रति अद्भुत प्रेम की अनुभूति करेंगे।

# श्री राम दरबार



॥ जय श्री गणेश ॥

॥ जय सियाराम ॥

# 1. धर्म ही सत्य.... राम ही सत्य....

यह सत्य आज उज्ज्वल होगा।
धरती पर धर्म स्थापित होगा।
कर्म ही यहां धर्म होगा।
फिर से राम तुम्हे आना होगा।
प्रतीक्षा समय पर भारी होगी।
संसार में फिर से तबाही होगी।
अधर्म ही रूप लेगा कर्म का,
फिर से राम तुम्हे आना होगा।
मानव जाति अंधी होगी।
बुद्धिहीन अशुद्ध भी होगी।
राक्षसों सी प्रवृति होगी।
फिर से राम तुम्हे आना होगा।
दुखी मन से टूटती सांसें,
ओर न कोई किनारा होगा।
संसार से मानव हारा होगा।
फिर से राम तुम्हे आना होगा।
अज्ञानता के अंधेरों को मिटाने,
फिर से एक जंग तय होगी।
होगी विजय धर्म की सदा।
फिर से राम तुम्हे दिखाना होगा।
"फिर से राम तुम्हे आना होगा
फिर से राम तुम्हे आना होगा"

# 2. एक ही मार्ग "मेरे राम"

मार्ग प्रशस्त होगा वही,
जिस ओर **श्री राम** मिल जाए।
हर नज़र ढूंढ रही राम तुम्हे ही,
जिस ओर भी पग चिन्ह मिल पाए।
पापी बनाया, कलयुग ने मुझे,
राम शरण दे दो अब अपनी।
मुझमें टूट गया मैं पूरा,
राम तुम्ही उम्मीद हो मेरी।
मैं अब संसार मोह त्यागे,
राम तुझ संग प्रीत लगाऊंगा।
देख तुझे मेरे राम,
तेरे दर से नही लौट पाऊंगा।
दुष्टों भरा संसार यह सारा,
राम नाम ही संतुष्ट करे।
विलुप्त हो गई दया भावना,
बस राम नाम ही स्थिर दिखे।
संसार में छाया घोर अंधेरा,
राम राम ही रोशन दिखे।
मैं फसा अज्ञानता कि दलदल में,
बस राम से ही मेरा चित जुड़े।
मैं इस कलयुगी रूपी राक्षस के,
अधीन रहा, किसी कैद कि भांति।
राम तेरी और कदम बड़ा कर,
महसूस हुआ स्वर्ग की भांति।

मैं अधर्मी, पापी, दुष्ट,
बस राम तुम्ही ने अपनाया है।
तुम्ही माता पिता मेरे अब राम,
तुम्हे ही आदर्श बनाया है।
पाकर तुम्हारा स्नेह राम,
यह जन्म सफल हो जाता है।
प्रेम सा रूप हो तुम मेरे राम,
बस संसार को नज़र काम आता है।
मार्ग प्रशस्त होगा अब राम ही,
राम तुम्ही गुरु, और ग्रंथ भी,
मैं पापी तेरे नाम मात्र से,
पवित्र हो जाऊं,
नए जन्म कि तरह।
"राम नाम में ही अमृत भरा
राम नाम में ही अमृत भरा"

# 3. भविष्य "श्री राम"

रुके रुके से कदम थे,

जो आज,

श्री राम संग हो चले।

भविष्य तो सदा ही थे,

श्री राम,

श्री राम में ही जीवन बसे।

दृष्टि होकर भी क्यो,

श्री राम,

राम पथ जो न दिखे।

मैं लड़ता रहा,जीवन कि जंग,

श्री राम ही सांसों में बसे।

धारण कर मैं राम,राम,

श्री राम, का होने चला हूं।

सत्य नही था, यह संसार सारा

श्री राम, तुम्ही से तो जन्म हूं।

खाकर ठोकर बार बार

जो अब,

मैं समझा हूं।

होकर दूर भी मैं आज,

श्री राम,

तुम्हारे चरणों पर गिरा हूं।

हुई खत्म मानवता यहां,

श्री राम,

बस तुम्हारी ओर नज़र उठाए

खड़ा हूं।
दया नही अब संसार में बाकी,
श्री राम,
झोली फैलाए अपनी,
तुम्हारे दर खड़ा हूं।
मैं बस आज,
श्री राम,
का होने चला हूं।

# 4. राम में सब, सब में राम

राम भी तुम, रहीम भी तुम
गुरु भी तुम, गुरू ग्रंथ भी तुम
हर नाम मे, राम-राम भी तुम
सत्य जैसा, सत्य भी तुम
आदि भी तुम, अंत भी तुम
आरम्भ में तुम, समय चक्र तुम,
विष्णु भी तुम, नारायण भी तुम
कृष्ण भी तुम, नरसिंह भी तुम
हर कण में तुम, प्रभू भी तुम
काल भी तुम, सुन्दर भी तुम
प्रिय भी तुम, प्रेम भी तुम
तुम ही तुम, जगत भी तुम
राम - राम, राम नाम तुम।

# 5. राम को पाया.....

राम को पाया, तो सत्य यह जाना,
राम ही राम संसार यह सारा,
अद्भुत, अलौकिक राम कि महिमा
राम ही ग्रंथों का सार है सारा,
राम के मीठे बोल सुनो यह सारे
पापों से मुक्ति का अंत यह सारा,
राम कि महिमा न जाने रघुराई,
हनुमत हृदय राम राम है सारा,
ले ली औषधि राम सी मेने,
ज़हर कलयुग का कट गया सारा
राम सा पावन जो होकर मैं निकला,
धर्म संभाला कांधों पर सारा,
राम शरण लगे मन प्यारी,
राम चरण सेवा में हूँ सारा,
नहीं है अब अंधकार जीवन में,
राम राम रोशन हूँ मैं सारा
राम राम रोशन हूँ मैं सारा ।

# 6. राम मन बसाया.....

राम, राम, राम, राम, राम, राम, राम,
राम लगे मन प्यारा यह नाम तेरा,
राम ही प्रिय, राम सुख सागर भरा,
राम में मोह, राम में प्रेम भरा,
साचा नाम राम ही राम तेरा,
राम सजोया, राम ही पाया,
राम से जोड़ा, राम मन बसाया।
राम अटूट, न छूटे राम नाम,
राम से सृष्टि, राम में ही माया।
राम सा रूप, लगे मन प्यारा,
राम नाम है, जीवन का सहारा।
रामराम में, राम को पाया,
राम से मोक्ष का आधार है बनाया।
राम, राम, राम, राम, राम, राम, राम

# 7. श्री राम की प्रतीक्षा

राम तुम्हारी प्रतीक्षा करु मैं,
देखे यह मन फिर से दोबारा,
पावन, सुन्दर यह नाम तुम्हारा,
हर एक आस पर सजाएं बैठा हुं।
एक दिन आना होगा तुम्हारा,
जब राम राम पुकार रहा है।
कुछ नही बाकी रहा इस जगत में,
राम से गीत सुनाए चला हूं।
जीवन राम तुम्हारे सहारे,
मृत्यु भी तुम संग जोड़ रहा हूं।
मेरा नहीं था संसार में कुछ भी,
बस राम मन बसाए चला हूं।
झूठे से बंधन छोड़ के सारे,
राम ही अपना बनाए चला हूं।
मांगू मैं राम दुआ में तुम्हे ही,
तुम संग जो स्नेह बांध रहा हूं।
आशाओं सा यह मेरा बसेरा,
राम ही बस गुनगुनाए चला हूं।
प्रेम ही होगा भक्ति पर भारी,
मैं ऐसे दीपक जलाए बैठा हूं।
पूरे संसार में देखूं बस राम,
ऐसा हृदय से लगाए बैठा हूं।
अब अंजान संसार यह सारा,
राम ही बस पहचान रहा हूं।

तरसे यह अखियां प्रेम सी बूंदें,
राम सागर के किनारे खड़ा हूं।

तरसे यह अखियां प्रेम सी बूंदें,
राम सागर के किनारे खड़ा हूं।

# 8. कण कण....... राम, राम......

शब्दो को पिरोया मोती सी,

माला में प्रभु राम,

देखा जो आंखों से,

कण कण में दिखा राम राम।

एहसास जो था महकती खुशबू सा,

साथ में पाया प्रभु श्री राम।

महसूस हुआ जो हर पल,

खुशी सा,

लगा कही पास, राम, राम, राम

प्रभु श्री राम,

मन में सुनाई दिया राम, राम।

शब्दो को पिरोए मोती सी माला में,

निकली मैं ढूंढने प्रभु श्री राम,

जहां भी देखा, जिसे भी पाया।

लगा बस यही प्रभु श्री राम,

मन की आंखों से हर बार दिखे

प्रभु श्री राम,

मन के दर्पण में समाए,

प्रभु श्री राम,

आस्था के अश्रु आंखो में,

लिए मैं गई प्रभु धाम,

मिलने प्रभु श्री राम।

# ।।"मेरे प्रभु श्री राम"।।

# 9. राम ही प्रत्यक्ष

आओ चले सभी
प्रभु राम मार्ग
घोर कलयुग है, छाया अंधेरा
संसार दुखो से है घबराया
प्रभू राम कि महिमा है
अपरंपार, द्वार खुले है
प्रभू राम मार्ग
प्रेम ही प्रेम प्रभू राम में है समाया
राम नाम से तू क्यों घबराया
श्री राम से है जिंदगी का बसेरा
श्री राम मे ही अंत दुखो का
मेरे प्रभू राम को जो न पाया
तो तूने इस संसार में क्या पाया
कैसे कहू मैं प्रभू राम कि महिमा
मैंने ऐसा शब्द न पाया
हर लिया दुख संसार का जिसने
खुद को प्रेम समर्पण बनाया
जोड़ा जो प्रेम को बार-बार
दो शब्द नाम राम ही पाया
राम ही सुख, राम ही प्रेम
राम ही दिव्य, राम ही सत्य
राम ही विश्वास, राम ही प्रत्यक्ष
राम साथ प्रेम,
सुख, आनंद अनेक।

# 10. हनुमान के श्री राम

एक युग ऐसा भी आया
एक सुन्दर कहानी रची
हनुमत वीर हुए धरती पर
राम-राम सी गूंज सुनाई पड़ी
हनुमत प्रेम राम से ऐसा
राम प्रेम था हनुमत जैसा
एक डोर से बंधे थे दोनो
एक दूसरे के प्रेम में समर्पित
हनुमत प्रेम कही न छुपा
राम नाम से उज्ज्वलित हुआ
श्री राम ने भी हनुमत मन बसाया
हनुमत प्रेम में खुद को पाया
हनुमत कि देख सेवा भक्ति
श्री राम कि आँखो से मोति बह आया
हनुमत ने देखा अपने प्रभू को
प्रेम भाव से,
आँखो मे अश्रू रुक न पाया
हनुमत प्रेम में बंध गए राम
राम ने हनुमत मन बसाया
हुए भाव-विभोर हनुमत
तृप्त किया मन को अपने,
जब श्री राम ने,
हनुमत हृदय लगाया।

# 11. हर राह राम राम....

तू अकेला जहाँ हुआ मुसाफिर
राम सी राह पाएगा।
बहुत कठिन है धर्म की राहें,
राम ही संग ले जाएगा।
नही दूर अब पहचान सत्य की,
राम ही नज़र आएगा।
अभी तो बहुत दूर है चलकर जाना,
राम ही पार लगाएगा।
ले चल मुसाफिर राम नाम की लाठी
राम सी शक्ति पाएगा।
मुख से निकले सुन्दर राम शब्द ही,
स्वर्ग के दर्शन करवाएगा।
सत्य सनातन धर्म की मंजिल,
राम पथ ही पाएगा।
है हिम्मत जो जज़्बात मे तेरी,
राम सी मंजिल पाएगा।
तू राम ही मंजिल पाएगा।

# 12. धर्म कि मशाल राम

सिंह सी दहाड़ होगी।
राम का विस्तार होगा।
धर्म कि मशाल होगी।
झुंड राम नाम का होगा।
धनुष धर्म का ही होगा।
राम का वही बाण होगा।
संहार यह आरंभ होगा।
पापियों का नाश होगा ।
राम नाम सी दहाड़ होगी।
अंत की कहानी होगी।
पूर्ण राम से ही होगा।
राम धर्म ही रक्षित होगा।
ज्ञान ही ज्ञान यह संसार होगा।
राम सत्य ही सच्चा ज्ञान होगा।
जब दुख में राम राम होगा।
हर सुख भी राम राम होगा।
पर मुख से राम राम सी दहाड़ हो।
राम हो, राम हो, राम, राम, राम हो।
राम हो, राम हो, राम, राम, राम हो।
राम हो, राम हो, राम, राम, राम हो।

# 13. राम तुम्ही वह वृक्ष घने

पतझड़ से बिखर कर हम,
गए टूट से सदगुण में,
राम दो अब शिक्षा भी,
राम तुम्ही वह वृक्ष घने,
मुस्कुराता हरा भरा,
संसार मुझे दे दो,
राम तेरी ही छाया मे,
एक पनाह मुझे दे दो,
फूलो से भी सुन्दर गुण,
राम अपनी महक दे दो,
मेरे चंचल मन को गति
राम सा ठहराव दे दो,
रहा टूटा सा था मैं,
राम तुझ से बिछड़ कर तो,
एक ओर वह स्नेह भरी,
राम प्रेम से फल दे दो।
छाया बने तुम ही राम,
परछाई भी राम तुम्ही हो।
मेरे रुठे श्वासों मे,
राम फिर से प्राण भर दो।
मेरे सूने से मौसम में,
राम तुम बहार भर दो।
रहूं राम सा होकर मैं
ऐसी प्रीत मैं राम लिखूं ।

रहूं राम सा होकर मैं
ऐसी प्रीत मैं राम लिखूं।

# 14. राम सा धर्म

आज हिंदू में मानवता की,
संस्कार की, प्रतिज्ञा की,
अग्नि तू जलाए जा,
राम सा जो कर्म हो,
अधर्मियों का अन्त हो,
राम तू ही बनके दिखाए जा,
यह युद्ध का आगाज़ जो,

जंग का मैदान हो,
तू गरज बरस के दिखाए जा,
राम सा तू वीर बन
राम का तू तीर बन,
राम सी विनम्रता भी
अपनाए जा,
पाप का आतंक है यह,
कलयुगी बिसात है यह,
राम सा तू धर्म को फैलाए जा,
राम सा ज्ञान ले,
राम का तू नाम ले,
धर्म की आँधी सा बन
जगमगाए जा,
राम को तू जान ले,
राम को पहचान ले,
राम का आधार बन,

# राम राम तू गुनगुनाए जा ।

# 15. हृदय बसे रघुनंदन

सितारों सा जगमग,
राम नाम है,
शोभा अतुलनीय,
राम-राम की,
फिर से सजी है,
अयोध्या नगरी,
राम ही देखन,
लगे मन प्यारी,
राम को ढूंढे,
नयनों का पानी,
राम की ओर,
खिची दुनियाँ सारी,
फिर वह सुहाना दिवस है आया,
राम, राम दिखे,
दुनियां यह दिवानी,
खुशियाँ अनंत,
जो फिर से लौटी,
भीड़ भरी,
अयोध्या में सारी,
राम से दीप,
जलाएँ यह दुनियाँ,
आओ अवध,
फिर से रघुराई,
राम की ओर,

चली यह दुनियां,
राम दर्शन ही,
प्रेम सा भाए।
राम सी सुंदर,
दिखे यह दुनियां,
हृदय सभी के,
बसे रघुराई।

# 16. अवध में राम आएंगे

सजा दो आज तो,
पूरे भारत को,
अवध में राम आएंगे।
जो वर्षों से थे, तड़पे भक्त,
सभी को राम मिल जाएंगे।
बही थी खून की नदियाँ,
जहाँ, मृत्यु भी सुहानी थी,
मेरे राम की अयोध्या में,
रची दुष्टता की कहानी थी।
अहंकार जो टूटा था,
अंत नहीं था राम का कोई,
राम तो धर्म की आँधी थी,
हर साधारण मनुष्य ही,
जो करता राम को धारण,
बन कर राम सा ही वह,
बने सभी जो रक्षक वह
युद्ध की रची कहानी थी।
सजा दो आज तो,
नभ को भी,
फिर सेभगवालहरा रहा।
घर घर में फिर राम,
का पंचम लहरा रहा।
लेकर प्रेरणा राम से,
आज राम ध्वजलहरा रहा।

बड़ चले सभी कदम,
अब धर्म की ओर,
सनातन धर्म का जो,
दीपक मुस्कुरा रहा।
राम सा जो मन में,
आत्मविश्वास जाग रहा।
अच्छाई राम नाम की,
यह संसार सुना रहा।

# 17. एक कदम श्री राम कि ओर

बढ़ाए चलो वह एक कदम,
फिर वह राम राज्य होगा।
कर्म तुम्हारा, न रहे अधूरा,
धर्म का सार बिखेरे चल,
दया भाव उत्पन्न कर मन में,
सेवा भी राम राम कर ।
बढ़ाए चलो वह एक कदम,
फिर वह राम राज्य होगा।
धरती का कंपन तेरे है पग
दिशा राम कि ओर ही होगी।
बाधा है बस विचलित मन,
हिम्मत राम सी दिखानी होगी।
स्थिरता लिए बस राम राम है।
राम सी वीरता ग्रहण कर ।
बढ़ाए चलो वह एक कदम,
फिर वह राम राज्य होगा।
छूटे ना कोई धर्म का साथी,
मजबूत हर कदम बनाए चल,
हाथ पकड़ कर राम का तू भी,
राम से कर्म अपनाएं चल।
राम सत्यता धारण कर तू भी,
राम सा खुद को बनाए चल।

बढ़ाए चलो वह एक कदम,
फिर वह राम राज्य होगा।
मन कि ज्योत जो बुझ न पाए,
राम मन दीप जलाएं चल,
राहें पथरीली तो होगी बहुत,
तू राम ही हृदय लगाए चल ।
लेकर साथ राम नाम को,
मुश्किलों संग भी मुस्कुराए चल।
जीत ही होगी राम संग ऐसी ।
राम राम ही संसार बनाएं चल।
।। बढ़ाए चलो वह एक कदम
फिर वह राम राज्य होगा ।।

# 18. प्रतीक्षा का अंत

अतं हुआ अब प्रतीक्षा का,
बुलंद जय श्री राम हुआ।
आंसू बिखरे बुलंद आवाज़ में,
जय श्री राम, जय श्री राम
यह जग सारा हुआ।
बहा कर लहू का कतरा कतरा,
फिर से अयोध्या हमारा हुआ।
जीवन था मृत्यु ही राम बिन,
राम धर्म उजागर हुआ।
जय श्री राम, जय श्री राम,
यह जग सारा हुआ।
बिन दर्शन राम तुम्हारे,
तड़पे हृदय बिखरे थे सारे,
देख तुम्हारा मन भावन मुखड़ा,
मन तृप्त हुए अब सारे,
जय श्री राम, जय श्री राम,
से बुलंद हुए अब नारे।

# 19. त्याग का रूप सिया राम

राम में देखी अजब कहानी,
राम सिया तुम दिव्य नर नारी।
मनमोहक छवि राम सिया सी।
करुणा का जो पाठ पढ़ाती।
त्याग ही शस्त्र सदा तुम्हे भाए।
प्रेम के दीप तुमने ही जलाए।
राम सिया एक प्रेम कहानी,
एक दूसरे से जुड़ी,
आदर्शों और सम्मान की प्रेरणा।
साथ सिया संग राम है पूरे,
बिन राम के सिया है अधूरी,
सत्य वचन दो नाम ही पाए,
राम सिया में ही जग समाए।
राम सिया का साथ अनोखा,
अद्भुत प्रेम सृष्टि को सिखाए।
शुद्ध आचरण जो सभी अपनाए ।
हर मन राम सिया ही वह पाए।
अलौकिक शक्ति का रूप बने वह,
जो राम सिया के अस्तित्व में, बस जाए।

# 20. श्री राम का जयकारा होगा

एक समय ऐसा होगा
हर घर में राम राम होगा
अधर्म की नींव टूट जाएगी।
श्री राम का जयकारा होगा।
स्वपन वह सारे सच्च होंगे।
हर हृदय में राम बसते होंगे।
खुशियों सा संसार होगा।
श्री राम का जयकारा होगा।
हर मनुष्य राम जैसा होगा।
पाप भी डर के भागा होगा।
राम, राम, राम होगा।
श्री राम का जयकारा होगा।
राम नाम सदा महकता होगा।
संसार महक से भरा होगा।
राम नींव बनेंगे संसार की,
श्री राम का जयकारा होगा।
सत्य असत्य पर भारी होगा।
राम सत्य आधार होगा।
संसार राम ही मांगता होगा।
श्री राम का जयकारा होगा।

# 21. राम से दीपक

राम नही तुमसा कोई

राम तुमसे ही सृष्टि बनी

राम तुम तो प्रेम बने

राम से ही मैं बनी

आओगे कब घर तुम राम

दीप जलाए बैठी में द्वार

आए मिलन के कुछ पल

राम आए हृदय के द्वार

राम तुम्ही मेरे शब्दों का आधार

राम तुमसे ही जुड़े हर पल

राम सुन लो मेरी भी पुकार

राम तुम ही मेरा जीवन संसार

हर नज़र ढूंढे तुम्हे ही राम

दर्शन कि आस लगाए राम

देखूं मैं तो बार-बार राम

मेरे राम, मेरे राम, आए राम।

# 22. राम से आदर्श

राम सा रूप सजो के लाई हूँ

मैं राम सी होकर सृष्टि में आई हूँ

राम से आदर्श मैं लाई हूँ

मैं राम तुमसे मिलने आई हूं

राम सा सच्चा मन यह मेरा

राम सी विनम्रता लाई हूं

राम साथ सदा मेरे

मैं राम तुमसे मिलने आई हूँ

मैं राम सी होकर राम में ही समाई हूं

मैं दर्पण हूं राम का

मैं राम तुमसे मिलने आई हूं

मर्यादा पुरुषोत्तम तुम राम

मर्यादा में बंधने आई हूं

विश्वास कि ज्योति जलाए

मैं राम तुमसे मिलने आई हूँ

स्नेह हृदय में लिए राम

अश्रु की धारा मैं लाई हूं

राम तुम्हारे चरणो में बसने

मैं अपनी सांसों में राम लिख लाई हूं

"मैं राम तुमसे मिलने आई हूँ

मैं राम तुमसे मिलने आई है"

# 23. राम तेरा साथ न छूटे

चाहे छूटे जग यह सारा
राम तेरा यह साथ न छूटे
सांसो का नहीं भरोसा
राम तेरा यह नाम न छूटे
तेरा रुप है सुन्दर काया
राम तेरी चरण रज न छूटे
मैं देखूं यह रूप सुनहरा
राम तेरा यह मोह न छूटे
जन्मे जो जन कल्याण के लिए
राम तेरे आदर्श न छुटे
प्रेम दिखे अखियों में जिनकी
राम तुझ संग स्नेह न छूटे
चाहे छूटे जग यह सारा
"राम तेरा यह साथ न छूटे
राम तेरा यह साथ न छूटे"

# 24. उम्मीद भरा प्रेम

राम तेरे दर पर,
एक दुआ लाई हूँ।
राम तुमसे उम्मीद भरा,
प्रेम लाई हूँ।
राम तेरी नज़र से,
आशाएं बांध लाई हूं।
राम सी होकर ही
एक राम संसार लाई हूं।
राम तेरे धर्म की
नींव बन आई हूं।
राम तुझसे मिलन को,
खुशियाँ हज़ार लाई हूँ।
राम तेरे दर्शन पाने,
मैं खुद को भूल आई हूँ।
राम तेरी कृपा पाने,
भक्ति भाव लाई हूं।
राम तेरी सेवा पाने,
हर सुख त्याग आई हूं।
राम तेरी मूरत के आगे
अपना मन छोड़ आई हूं।

# 25. एक आवाज़ मेरे राम

एक नया नव निर्माण होगा।
राम तुम संग पूरा संसार होगा।
देख तुम्हारी करुणामई भावना।
राम तुम्ही से पूरा संसार यह होगा।
राम कथन सभी सत्य होंगे।
आओगे राम तुम्ही धर्म बनके,
फिर होगा ज्ञान, राम संग-संग होगे।
ज्ञान की वर्षा होगी धरती पर,
धुलेंगे सभी पाप,
राम, राम, राम ही धारण होगा।
समय आएगा,
मनुष्य जागृत होगा।
राम में ही हर मनुष्य का,
उधार निहित होगा।
पहचान मेरे राम से ऐसी होगी।
मनुष्य न कभी डर कर हारा होगा।
जब जब धरती का सीना दहल उठेगा।
राम सी गूंज सुनानी होगी।
फिर एक आवाज़ लगानी होगी।
राम संग ही पूरी,
हर सुख की कहानी होगी।
राम ही आधार होंगे हर खुशी का,
आज फिर से, खुशियों की
नदियाँ बहानी होगी।

धर्म ही रूप जब लेगा राम का,
हर पाप कि वह अंतिम कहानी होगी।
एक आवाज़ तो,
फिर से मेरे राम को लगानी होगी।

# 26. राम सा स्वरूप

एक रूप ऐसा हो
राम सा प्रतीत हो
राम सी छवि बने
राम में समर्पित हो
राम राम नाम में
सत्य कि पहचान हो
प्रेम राम से मेरा
उज्जवल संसार हो
राम बिन नहीं है कुछ
राम ही तो श्वास है
मन कि देह में सदा
राम का वास है
राम से बनी हूँ मैं
राम में समाऊंगी
सत्यवान है श्री राम
राम सच दिखाऊंगी
राम दयावान है
जगत के पिता भी है
राम से ही सृष्टि में
प्रेम का संचार है
राम नाम से सदा
मेरी भावना जुड़ी
राम ही अतीत है
राम ही भविष्य हो

यशिका चड्ढा

राममय ही दुनिया हो
सृष्टि का संचार हो
एक रूप ऐसा हो
राम सा स्वरूप हो।

# 27. श्री राम आए........

खोले मन के द्वार
बिछाए नजरें बार-बार
मेरे प्रभु श्रीराम आए है
खुशियां है मन में हज़ार
मेरे प्रभू श्री राम आए है
हो रहा मन सा व्याकुल क्यों
प्रभू दर्शन मिल पाए है
जलाऊ दीप में मन के द्वार
उज्ज्वल कर दूं सारा संसार
प्रभू श्री राम आए है।
बरसाओ फूल मेघो तुम
करूं स्वागत में फूलों से
मेरे प्रभू श्री राम आए है
बिछा दूं प्रेम चरणो में
जगत के राम आए है
मेरे प्रभु श्री राम आए है।

# 28. मन में श्री राम

मेरे मन बसे हो प्रभु श्रीराम
मेरी आत्मा के अक्स में
दिखते हो प्रभु श्रीराम
मेरे अस्तित्व को नींव बने
प्रभु श्रीराम
मेरे सम्मान के साथ
खड़े दिखे प्रभु श्रीराम
मेरी चंचल आँखो में
बसते है प्रभु श्रीराम
राम, राम, राम, राम, राम
एक ही बस तुम हो मेरे
जीवन में प्रभु श्रीराम
मेरे दिन चैन में समाए है
प्रभु श्रीराम
एक बार देखो मेरी ओर भी
मेरे प्रभू श्री राम
राम को पाकर,
राम सी दिखूंगी,
बन जाऊंगी राम सी
मेरे प्रभु श्री राम ।

# 29. राम ही जाना

राम से पाया
राम ही जाना
राम मन बसाया
राम साथ निभाया
राम की महिमा
संसार गुन गाया
राम से सृष्टि
राम ही माया
जय श्री राम
जय श्री राम
मन बसाया।

# 30. मेरे साथ राम

प्रेम का सागर मेरे श्रीराम
मेरे साथ हर पल श्री राम
राम से पाई सुंदर काया
स्वरूप राम सा,
दर्पण ने दिखाया,
राम जैसा खुद को बनाया।
राम राम ही जगत में समाया।

# 31. ख्वाबों में सियाराम

राम सिया राम
जय हनुमान जय श्री राम।
ख्वाबों में देखा
राम रूप ऐसा
अति सुन्दर प्रकाश के जैसा
संग-संग चली मैं प्रभू धाम को
मन में प्रसन्नता के अश्रु छुपाए
बजरंग बली भी संग आए
राम राम कि धुन में समाए
माता सिया ने आशिर्वाद दिया
अब कोई रुकावट न
प्रभू मार्ग में आए।
प्रभू श्री राम दर्शन को मन
चैन न पाए।
देना है प्रेम बहुत प्रभू को
प्रभू श्री राम जो है
मेरे हृदय में समाए
आऊँगी प्रभू श्री राम मिलने जो
प्रेम सा सागर लेकर आऊँगी
बाँध लेना प्रभू मेरे प्रेम को
जीवन सफल कर देना मेरा।

# 32. राम नाम.....

मन के द्वार
खोले खड़ी हूँ
कभी तो मेरे श्री राम
आएंगे।
पाकर राम नाम
मैं धन्य हुई
कभी तो प्रभु दर्शन
सुख पाएंगे।
पाया पूरा संसार
श्री राम में
कभी तो प्रभु,
चरण सुख पाऊंगी।
प्रेम से बाँधा
श्री राम ने मुझे
कभी तो सेवा प्रेम
दे पाऊंगी।

# 33. श्री राम आएंगे.....

पलके बिछाए बैठे, राहो पर

मेरे **प्रभु** श्री राम आएंगे

इन्तज़ार की राहो पर

खड़े देख रही हूँ

मेरे **प्रभु** श्री राम आएंगे

प्रभु प्रेम है अति प्रिय

प्रभु अपने संग प्रेम लाएंगे।

देख लू जी भर मैं प्रभू रूप

वक्त से कुछ लम्हे उधार लाएंगे।

मेरे **प्रभु** श्री राम आएंगे।

कहां कुछ बाकी रहा कहने को

लब तो जैसे सिल ही जाएगा

रह जाऊँगी प्रभु दर्शन में खोई सी,

जब मेरे **प्रभु** श्री राम आएंगे।

कैसे उतारू रूप राम सा,

नयनों में अपने

प्रभु चरणो में पल सिमट जाएंगे।

मेरे **प्रभु** श्री राम आएंगे।

थामा जो हाथ श्री राम ने मेरा

अब डर से भयभीत न हो पाएंगे।

# 34. श्री राम दर्शन....

प्रभु दर्शनों की आस में
भाव मन में छिप न पाएंगे।
जब मेरे प्रभु श्री राम आएंगे।
अपना कहते - कहते राम को
राम - राम कहते कहते
राम के ही हम हो गए।
एक अटूट प्रेम बांधने
मेरे प्रभु श्री राम आएंगे।
प्रभु चरणों में रहूं सदा मैं
आधार खुशी का बने श्री राम
राम नाम में रहूं सदा लीन
जब मेरे प्रभु श्री राम आएंगे।
"मेरे प्रभु श्री राम आएंगे।"

# 35. राम ही पाया.....

जन्म जन्म तरसी
जो अखियां,
प्रभु श्री राम मिलन को
बीती रतिया,
मन दर्पण श्री राम दिखाए
देखूं सभी ओर
श्री राम ही पाए।
मन आनंद से भर आए
रोम-रोम प्रभु गीत सुनाए
राम को जाना तो
राम को पाया
जय श्री राम में,
सुख समाया
दूर नहीं अब
प्रभु मिलन को आए
राह तकूं मैं,
प्रभू प्रेम बुलाए
राम सिया राम, राम
जय श्री राम ।

# 36. राम हो....... राम हो......

देखू जिस ओर भी
राम, राम, राम हो
फिर से एक संसार ऐसा
राम, राम, राम हो
राज्य हो राम जैसा
राम ही राजा हो
फिर से राम, राम, राम हो
राम सुख बरसाते जगत में
राम ही आधार हो
फिर से राम, राम, राम हो
राम तुम तो सबके प्रिय
राम हो, राम हो
फिर से राम, राम, राम हो
प्रतापी तेजस्वी राजा तुम तो
प्रेम सी मूरत राम हो
फिर रो राग, राग, राग हो
राम हरते कष्ट सभी के
फिर राजा राम हो
फिर से राम, राम, राम हो
गूंजे राम राम का नारा
राम तुम तो महान हो
फिर से राम, राम, राम हो
राम रघुराई आदर्श सभी के
वचनों में बांधा संसार सारा

फिर से राम, राम, राम हो
नाम तुम्हारा मुक्ति का साधन
मोक्ष पाए जगत ये सारा
फिर से राम, राम, राम हो
संसार सारा।
गूंज उठे राम का नारा
नष्ट हो पाप सारा,
सुखमई संसार यह सारा
राम हो, राम हो ।
अंत पाप का हो
राम राम का नाम हो।

# 37. राम से जन्मा

राम से जन्मा
राम ही देखा
रोम रोम मे
श्री राम बसाए
राम से जाना
ज्ञान संसार का
राम ही सांसो में
बसते आए
राम करुणामई
राम ही प्रेम
राम राह पर
मेरे पग चले आए
राम ही धर्म
राम ही प्रेरणा
राम सी गूंज
संसार को भाए
राम ही प्रिय
राम मन बसाए
राम राम को
हृदय से लगाए
राम सा सच्चा
नाम राम का
राम नाम दुष्टों पर छाए
राम की महिमा

पवित्र बनाए
राम राम कण-कण में समाए।

# 38. मेरी जिंदगी राम

मेरी जिन्दगी में आकर राम
मेरी जिन्दगी बदल रहे हो।
खुशियाँ नहीं थी
झोली में मेरी राम
खुशियों भरा संसार दे रहे हो
देखती हूँ राम तुम्हे मैं
तो मंद मंद मुस्काते हो
आज देखती हूं जब खुद को ही
वो मुस्कान मुझमें दिखती है
मेरे राम मुझमें दिखते है
मैं राम तुम सी हो जाती हूँ
अखियों में छुपाए स्नेह तुम्हारा
जब पलकें बंद
कर लेती हूँ राम
मैं भी राममई हो जाती हूँ
राम सुनकर मधुर वचन तुम्हारे
ध्यान मग्न हो जाती हूं।
नही डरती संसार से अब मैं
मैं राम, राम सी हो जाती हूँ
राम नाम से ही प्रतिदिन
मैं अद्वितीय निखार पाती हूँ
मुझमें राम बसते है
मैं राम सुख पाती हूँ।

# 39. कृपा श्री राम की....

एसी कृपा श्री राम की
मेरी ओर हुई
एक नजर प्रभु श्री राम की
मेरी ओर हुई
जी रहे थे कष्ट भरी
ज़िन्दगी प्रभु श्री राम बिन
एक उम्मीद भरी आस
श्री राम की,
मेरी ओर हुई।

# 40. राम सुनूं..... राम देखूं.....

याद आते है श्री राम

जैसे प्रभु के पास हूँ सदा

मेरी कल्पनाओं में

श्री राम जी का वास हो सदा

कैसा प्रेम है प्रभु से

कैसी मेरी भक्ति है

रुप राम सा सदा

अपने मन मे उतार लूँ

राम, राम में सदा

खुद को मैं पावन करुं

राम सुनूं, राम देखूं

राम ही वरण करूँ

मेरे मन के चित में सदा

राम ही समाए है

मेरे अंतर्मन में,

श्री राम का बसेरा हो

राम से मैं हूँ सदा

राम से मेरा अस्तित्व जुड़ा

श्री राम की पहचान लिए

इस धरती पर आई हूँ

श्री राम से जुड़ी सदा

महसूस राम को करूँ

याद राम को करूँ

मेरी यादों में समाए राम ।

# 41. मन द्वार राम

बैठी हूँ दर पर
आस लगाए
मन में उम्मीद की
ज्योत जलाए
श्री राम आए
मन द्वार हमारे
समर्पण भाव मन में जगाए
देखे जो आखियाँ
श्री राम ही पाए
श्री राम सा स्वरूप
हृदय में बसाए
बैठी हूँ द्वार पर
साँसो को बिछाए
प्रभुश्री राम चरण रज को
प्रभु श्री राम में,
समर्पित रहूं
प्रभुश्री राम शब्द
हृदय में बसाए
इंतजार की आस में
प्रभु प्रेम में समाए
पलके बिछाए,
श्री राम आ जाए
प्रभु श्री राम आ जाए।

# 42. एक प्रेम समर्पण

देखी जगत ने

एक सुन्दर कहानी

राम सिया की प्रेम कहानी

राम रूप नारायण सा था।

सिया रूप लक्ष्मी सा था।

सिया बिन प्रियतम प्राण त्यागे

मुख से शब्द कहे न जाए

तड़पती राम को, राम पुकारे

राम बिन रही अधूरी सांसे

सुनो प्रियतम बिनती सिया की

प्राणों पर हुई प्रतीक्षा भारी

बिन सिया रघुराई अधूरे

वचन सिया के लगे, अश्रू छूटे

राम दुखो को मन में छुपाए

सिया कि याद में एकांत अपनाए

बोले मिलेंगे राम सिया फिर

जल्द आऊँगा सिया ले जाने

मेरी सिया मेरी ही रहोगी

मैं हूँ राम तुम्हारा रहूँगा

राम सिया की सुन्दर कहानी

जगत सुने अपनाए नर नारी

राम, सिया राम, राम जय सियाराम ।।

# 43. राम दर्शन

टूटते है सिमरते है
टूट कर बिखरते हैं
श्री राम दर्शन कि आस में
फिर से जुड़ते बनते है
श्री राम मिलन को
तड़पती अखियां
श्री राम प्रेम से
बंधी सी धड़कने
वक्त है के बिखरता जाए
राम आए, राम आए
मेरे प्रभु श्री राम आए
हर पल एक एहसास आए
टूटकर भी जुड़ते दिखते हैं
जब प्रभु श्री राम आए
बिखरते-बिखरते संभलते है
जब प्रभु श्री राम आए
मेरे प्रभु श्री राम आए।।

# 44. राम नाम दो अखियों का

देखी थी दो सुन्दर अखियां
राम नाम दो अखियों का
अखियों में प्रेम का सागर भरा
राम नाम जगमगाने लगा
संसार ने देखा प्रेम
दो अखियों में,
राम नाम को अपनाया
भीड़ पड़ी दो अखियों के द्वार
कहा सभी ने प्रेम चाहिए अपार
दो अखियां प्रेम की वर्षा करे
राम, राम में संसार मग्न रहे
पाया सभी ने प्रेम राम में
दो अखियों के सुन्दर रूप में
राम प्रिय हुए संसार में
बिखरा प्रेम ही प्रेम संसार में।

# 45. राम से मोती

राम ही जानू
राम ही पाऊँ
राम से मोती,
मन में पिरोए
प्रीत प्रभु से,
मीत हमारी
बांधे खड़े है
प्रेम से धागे
राम बिन जीवन में,
थे अधूरे
राम संग अनंत,
प्रेम में झूले
राम रघुराई
श्री राम हमारे
प्रेम से भरे,
प्रभुश्री राम हमारे
श्री राम हमारे।

# 46. मेरे शब्दो में राम

मेरे शब्दों में इतना प्रेम हो,
कि प्रभु श्री राम आए
मेरी श्री राम में इतनी
आस्था हो
कि प्रभु श्री राम आए
मेरे भावो में इतना त्याग हो
कि प्रभु श्री राम आए
मेरा मन इतना समर्पित हो
कि प्रभु श्री राम आए
मेरी तड़प में इतना दर्द हो
कि प्रभु श्री राम आए
मेरी आत्मा इतनी पवित्र हो
कि प्रभु श्री राम आए
मेरी हर मुस्कान हो ऐसी
कि प्रभु श्री राम आए
मेरी हर धड़कन
राम पुकारे इतना
कि प्रभु श्री राम आए
मेरा प्रभु प्रेम हो सच्चा इतना
कि प्रभु श्री राम आए
मेरा इंतजार हो
राम में इतना
कि प्रभु श्री राम आए
मेरी यादों में समाए

हो राम इतना
कि प्रभु श्री राम आए
मेरा हो प्रभु सुख दुख
साथ इतना
कि प्रभु श्री राम आए
मेरा जुड़ा हो मन
प्रभु रूप से इतना
कि प्रभु श्री राम आए
देखूं हर जगह
दिखे राम इतना
कि प्रभु श्री राम आए
प्रभु श्री राम आए ।

# 47. राह श्री राम कि ओर

फिर से राहों पर खड़ी हूँ
श्री राम साथ पाएंगे
राहों पर थी अकेली इस कदर
श्री राम साथ आएंगे
राहे थी मुश्किलों से भरी
श्री राम खड़े पाएंगे
राहो पर था चलना कठिन
श्री राम साथ चलने आएगे
राह तो थी बस श्री राम की ओर
प्रभु श्री राम लेने आएंगे
नहीं था कोई कष्ट राहो पर
श्री राम साथ पाएंगे
श्री राम साथ आएंगे।

# 48. राम दया का सागर

राम ही जाने मन की पीड़ा
राम से जाना संघर्ष जीवन का
राम रघुराई तुम दया का सागर
राम से सीखू विनम्र भावना सब
राम सा न कोई सृष्टि में पाया
राम मिलन में हरि सुख पाया
राम तुम तो प्रेम की मूरत
राम प्रेम बिन रहे अधूरे
राम हो राजा जगत गुन गाए
राम चरण में हरि सुख पाए
राम से जन्मे संसार सुख पाए
राम हरेंगे सब दुख हमारे
राम जिधर भी कदम बढ़ाए
जगत श्री राम के पीछे जाए
राम रघुराई कृपा करे सभी पर
श्री राम सेवा में संसार तर जाए।
राम हो, राम हो जगत गुन गाया
राम रूप में जगत सुख पाया।

# 49. अटल भक्ति

भक्ति अटल है हनुमान हमारे
धारण किए राम नाम अवतारे
साँसों कि डोर राम से बांधे
राम नाम में उज्ज्वल प्रकाशित
आए हनुमत दुख हरे सारे
राम नाम से हार न पाए
प्रेम से अपने लक्ष्य को साधे
रण में खड़े राम प्रेम ही साधे
वीर हनुमान राम पुकारे
राम प्रसन्नता का प्रकाश दिखाए
हनुमत भक्ति, हनुमत प्रेम
राम देखे हृदय में बसाए
सेवा भाव से श्री राम पुकारे
राम राम से प्रेम बढ़ जाए
पूरे करू प्रभु काज मैं सारे
हनुमत प्रिय हुए, राम पुकारे
हनुमत राम में एक समाए
सुख आनंद संसार पर बिखराए
वीर बजरंग बली कहलाए
संसार को कष्टों से मुक्त करवाए।
वीर हनुमान, वीर बजरंगी
राम कहे, राम प्रिय कहलाए।

# 50. मन बसी सिया

जब भी मुझे कोई
राम पुकारे,
रहे सिया बिन
अधूरे शब्द सारे
मन बसी तुम
सीते सदा ही
सिया तुम बिन,
राम अधूरे
मन से जुड़ी,
एक मन की व्यथा
जनक दुलारी,
मेरी सीते प्यारी
प्रेम समर्पण,
सदा बिखेरे
सिया बनी,
तुम प्रेम हमारा
रहूंगा हर पग
तुम बिन अधूरा
राम सिया में
रहूंगा पूरा।

# 51. राम ही सुंदर

नहीं दिखता संसार यह सुन्दर
बिन श्री राम के,
नहीं दिखता धर्म यहाँ
बिन श्री राम के,
पवित्र प्रेम की ज्योति मे
मेरे प्रभु श्री राम है
त्याग में, समर्पण मे
मेरे प्रभु श्री राम है
हृदय में बसने वाले सबके
मेरे प्रभु श्री राम है
कष्ट सहकर मुस्कुराने वाले
मेरे प्रभु श्री राम है
राम राम संसार पुकारे
फिर से राम राम हो।
अंत नहीं दुखो का कोई
राम ही संसार हो।
मैं अज्ञानी, नहीं जानता
राम तुम ही ज्ञान हो।
दिशा हो कर्तव्य कि वह
जहां राम का नाम हो ।
मेरे प्रभु श्री राम हो।
मेरे प्रभु श्री राम हो।

# निष्कर्ष

इस काव्य यात्रा के अंत में, यह स्पष्ट हो जाता है कि भक्ति केवल एक साधना नहीं है, बल्कि एक अनवरत चलने वाली यात्रा है, जिसका मार्गदर्शन स्वयं प्रभु राम करते हैं। इन कविताओं के माध्यम से, प्रभु राम के प्रति हमारी आस्था और समर्पण का रूप और भी स्पष्ट हो जाता है। यह पुस्तक केवल शब्दों का संग्रह नहीं, बल्कि राम के आदर्शों, उनके चरित्र, और उनकी दिव्यता का प्रतिबिंब है।

**"भक्ति की मंजिल श्री राम"** वास्तव में एक ऐसी मंजिल है, जहाँ जीवन के तमाम उतार-चढ़ाव के बावजूद हम अपने भीतर शांति और संतोष का अनुभव कर सकते हैं। राम का नाम, उनकी लीला, और उनके आदर्श हमें प्रेरित करते हैं कि हम भी उनके दिखाए मार्ग पर चलें और अपने जीवन को उनके प्रति समर्पित करें।

यह यात्रा यहीं समाप्त नहीं होती, बल्कि यह उन अनंत भावनाओं और विचारों का प्रारंभ है, जो हर पाठक के हृदय में गूंजते रहेंगे। प्रभु राम के प्रति हमारी भक्ति और भी गहन होती जाएगी, और हम अपने जीवन को सत्य, धर्म, और प्रेम के आदर्शों से भर देंगे।

इस पुस्तक के माध्यम से, हम सभी राम की भक्ति के उस मार्ग पर चलते रहेंगे, जहाँ केवल शांति, आनंद, और प्रभु के चरणों का असीम प्रेम है। प्रभु श्री राम के चरणों में समर्पित यह काव्य यात्रा हमेशा जीवित रहेगी, और हर बार इसे पढ़ने वाला पाठक नई प्रेरणा और भक्ति का अनुभव करेगा।

# लेखक परिचय

<u>यशिका चड्ढा</u>

यशिका चड्ढा एक अनुभवी कवयित्री हैं, जिन्होंने अपने जीवन को आध्यात्मिकता और भक्ति के अद्वितीय अभिव्यक्ति के माध्यम से समर्पित किया है। उनका लेखन विशेष रूप से प्रभु श्री राम की भक्ति, प्रेम, और आदर्शों से प्रेरित है। यशिका के शब्दों में, राम की भक्ति और उनकी महिमा की अभिव्यक्ति होती है, जो पाठकों को आत्मिक शांति और

संतोष का अनुभव कराती है।

याशिका चड्ढा को साहित्य में कई वर्षों से अधिक का अनुभव है और उनकी कविताएँ गहराई और संवेदनशीलता से परिपूर्ण होती हैं। उनके लेखन का प्रमुख उद्देश्य जीवन और धर्म की उन गहन भावनाओं को प्रकट करना है, जिन्हें वे अपनी कविता के माध्यम से जगाना चाहती हैं।